Das Original Bayerische Gänse- und Enten-Kochbuch

Tina und Egon M. Binder

Das Original Bayerische Gänse- und Enten-Kochbuch

SüdOst Verlag

Die Deutsche Bibliothek - CIP-Einheitstitelaufnahme

Binder, Tina und Egon M.:
Das Original Bayerische Gänse-
und Enten-Kochbuch :
Waldkirchen : SüdOst-Verl., 2000
ISBN 3-89682-038-9

ISBN 3-89682-038-9
Dieses Werk ist einschließlich aller seiner Teile urheberrechtlich geschützt. Jede Verwertung außerhalb der engen Grenzen des Urheberrechts ist ohne Zustimmung des Verlages unzulässig und strafbar. Dies gilt insbesondere für Vervielfältigungen, Übersetzungen, Mikroverfilmungen und die Einspeicherung und Verarbeitung in elektronischen Systemen.
© 2000 SüdOst Verlag GmbH, Waldkirchen

INHALT

Vorwort	7
Suppen	
Gänserahmsuppe	11
Zucchinisuppe mit Entenbrust	12
Salate	
Entensalat mit Früchten	13
Entensalat mit Oliven	14
Feldsalat mit gebratener Entenbrust	15
Vorspeisen	
Feiner Brotaufstrich von Gänseleber	16
Gänsepastete im Töpfchen	19
Gänseschmalz	20
Geräucherte Gänsebrust	22
Kalter Gänsebraten mit gefüllten Äpfeln	23
Mousse von der Ente	24
Hauptgerichte	
Avocado-Ragout mit Geflügelleber	25
Bayerische Bauernente	26
Bayerisches Gänsefrikassee	27
Bayerwald-Gans	28
Birnen-Ente	30
Ente in Orangensoße	31
Ente in Rotwein	32
Ente in Sherry	33
Ente in Weißwein	34

Entenkeulen in Traubensahne	37
Ente mit Ananas	38
Ente mit Honig-Äpfeln	39
Ente mit Ingwer-Apfelsoße	40
Ente pikant mit Ingwer-Äpfeln	41
Gänsebrust in Kräutergelee	42
Gänsebrust mit Rotwein im Teigmantel	43
Gänsegulasch	44
Gänseklein-Eintopf	45
Gänseleber mit Blut	46
Gänseleber mit Zwiebeln und Madeira	47
Gänseragout in Thymiansoße	48
Gänseschwarzsauer	49
Gänsesülze	50
Gansjung	51
Gansleber im Apfelkranz	52
Gansleber mit Pilzen	55
Gebeizte Gans	56
Gebratene Gans mit Apfel-Maronen-Füllung	57
Gebratene Gänseleber mit Apfelkompott	59
Gefüllte Gans mit Biersoße	60
Gefüllte Jungmastgans	62
Gefüllter Gänsehals	63
Geschmorte Gänsekeulen mit Lebkuchensoße	64
Geschmorte Entenkeulen, mariniert	65
Gespickte Gansleber	66
Kirchweihganserl	67
Martinigans	68
Wildenten im Speckmantel	69
Wildenten mit Preiselbeeren	70

VORWORT

Gänse und Enten sind überaus gesellige wie gesellschaftsverbindende Tiere. Es ist keineswegs nur eine fromme Legende, dass Gänse genauso wachsam sein können wie Hunde und dass sie nur paarweise oder in größeren Scharen auftreten. Römer und Kelten hielten die Gans als „Wachhund", denn bei drohender Gefahr begann sie laut zu schnattern. Gänse nutzen dem Menschen seit jeher nicht nur als Festtagsbraten, sondern sie haben auch in der Literatur, in alten Schriften und Aufzeichnungen ihren Platz, worin man selbst den hl. Hieronymus häufig mit einem Federkiel einer Gans als besonderes Attribut abgebildet sehen kann. Und was wäre ein Bett ohne Daunen von Gänsen und Enten?!

Gänse- und Entenbraten vereinen mit ihrer kulinarischen Köstlichkeit bereits seit altersher auch Bauern und Edelmann. Denn wenn es in deutschen Landen wie auch im gesamten alpenländischen Raum, in Böhmen wie in Ungarn, in Frankreich wie Italien um die Ausrichtung festlicher Anlässe wie etwa Hochzeiten ging, dann durfte der Gans- oder Entenbraten keinesfalls fehlen. So wurden etwa bei der wohl größten in Europa bekannten Hochzeit des Mittelalters, als Georg „Junker Jörg", Sohn von Herzog Ludwig dem Reichen von Landshut, die Tochter Hedwig des Polenkönigs Kasimir anno 1475 heiratete, neben 300 Ochsen und 1000 Schweinen über 11 500 Gänse verzehrt.

Und zweihundert Jahre zuvor ist überliefert, dass sich der berühmte Arzt Johann von Mailand, der gerne kulinarische Weisheiten in Versen verewigte, ganz ausführlich mit Gänsen und Gänsebraten beschäftigte und u. a. festhielt: „Auca petit Bacchum mortua, viva lacum." Was übersetzt soviel heißt wie: „Gänse wollen immer im Nassen sein, lebendig im Wasser und tot im Wein." Dem italienischen Humanisten und Naturforscher Julius Caesar Scaliger (1484-1558) galten die Gänse als das Sinnbild der Vorsicht, weil sie sich bücken, wenn sie unter einer Brücke durchschwimmen, ganz gleich wie hoch der Bogen auch sein mag. Ob nun wahr oder erfunden, will der Naturforscher entdeckt haben, dass sie dermaßen klug sind, dass, wenn sie über den Taurus ziehen, wo viele Adler ihren Horst haben, Steine in ihre Schnäbel haben, um nicht in Gefahr zu geraten, durch ihr Geschnatter sich zu verraten.

Über Gänse gibt es viele, viele Geschichten. So haben die ersten gallischen Christen den Gänsen sogar einen eigenen Patron in der Person des heiligen Ferreol zugeschrieben, von dem Rebelais behauptete, dass dieser Heilige nichts mehr geliebt haben soll wie junge, frische Mädchen und fette Gänse.

Doch von diesem Ausflug wieder zurück in die heimischen Gänseställe und vor allem zu den Festtafeln, die, ganz gleich, ob im Wirtshaus oder feinen Restaurant, in der Bauernstube wie bei Gourmetküchen an drei Tagen im Jahr den Gans- und Entenbraten einfach zur Pflicht machen: am Kirchweihsonntag, am Martinstag und natürlich zum Weihnachtsfest, zu dem eben die Weihnachtsgans wie auch die Ente einfach dazugehören wie der Christbaum und die Krippe. Doch dies weiß man schon seit jeher zu schätzen – selbst zu Hofe. Der Leibküchenmeister des Bayernkönigs Maximilian II. und Ludwig II., Johann Rottenhöfer (1806-1872), wertete die Gans mit der Feststellung: „Die Gans zählt zu den nützlichsten Thieren. Ihr Fleisch und Fett sind vortreffliche Nahrungsmittel. Schon in den ersten

Sommermonaten gewähren uns die jungen Gänse einen vorzüglichen Braten, und so steigt ihr Werth von jedem Monate bis hin zum Herbste, wo sie ihre größte Vollkommenheit erreichen und als sogenannte Martinsgans für bürgerliche Haushaltungen einen schönen und schmackhaften Braten geben. Die Lebern dieser Thiere und die daraus bereiteten kalten Pasteten gelten als Leckerbissen der Reichen. Ebenfalls gesucht und besonders in Norddeutschland beliebt sind die geräucherten Gänsebrüste, welche roh gespeist, dem besten Westphäler und Bayronner Schinken an Feinheit nicht nachstehen und von Pommern nach allen Gegenden versendet werden. Zum Schlusse gewinnen wir von der Gans noch werthvolle Federn, welche einen unentbehrlichen, sehr einträglichen Handelsartikel bilden."

Letztendlich hat sich an den Empfehlungen dieses bayerischen Jahrhundertkochs, der es sogar Bayerns Märchenkönig recht machen konnte, nichts geändert. Was in diesem Vorwort über die Gans geschrieben ist, läßt sich größtenteils auch auf die Vorzüge der Enten übertragen, auch wenn diese vom Gewicht her gesehen oft nur ein Viertel oder ein Drittel auf die Waagschale bringen, weil ja eine richtig gute körndlgefütterte Gans bis gut zwölf Pfund wiegen kann. Auch wenn man heutzutage für eine dermaßen herangefütterte Bauerngans einen guten Hunderter hinlegen muss, so sollte man jedoch bedenken, dass davon schließlich eine Großfamilie mit acht Köpfen satt wird, außerdem auch noch ein köstliches Gansjung am Vorabend hergibt und man die Tage nach Weihnachten vom köstlichen Gänseschmalz als dem wohl begehrtesten Brotaufstrich zehren kann.

Die Ente, sehr zu empfehlen sind heutzutage auch die Flugenten, geben freilich eine nicht ganz so üppige Mahlzeit her. Das mussten auch bereits die überaus essfreudigen Altbayern, die in ihrer Fressgier oft darüber klagten, dass eben die Ente ein ganz depperter Vogel sei, weil er zum Essen für einen zuviel, für zwei jedoch oft zu wenig sei. Freilich sagten dies solche g'standne Bayern, die gleichzeitig darüber klagten, dass es ewig schade sei, „dass der Buckel kein Bauch ist", weil sie eben im Rücken noch mehr Platz für ihre Völlerei gehabt hätten.

Aber auch heute gilt noch, dass vor allem im Herbst, wenn draußen in den Dörfern die Bauernenten und -gänse geschlachtet werden, eine wahre Stadtflucht einsetzt, weil sich selbst der auf seinen Ruf bedachte Städter nicht nachsagen lassen will, diesmal zu Kirchweih oder Martini noch keine so echte Bauerngans gegessen zu haben. Und zu Weihnachten hört man dann beim kulinarischen Erfahrungsaustausch immer wieder: „Viel haben wir an Weihnachten schon als Spezialiäten probiert, Fisch und Wild, Asiatisches und Italienisches, aber a Gans ist halt a Gans, dagegen steht nichts auf!"

Und zum Duft der Nadeln des Tannenbaums, der Kerzen aus Bienenwachs und der Lebkuchen darf zum Weihnachtsfest eben eines nicht fehlen: am Weihnachtssonntag der Bratenduft aus dem Bräter mit einer knusprigen Ente oder einer goldgelb, leicht gebräunten Weihnachtsgans!

In diesem Sinne eine gesegnete Mahlzeit und der Wunsch, dass Ihnen bereits beim Lesen der nachfolgenden Rezepte vor lauter Vorfreude das Wasser im Munde zusammenlaufen mag. Wohl bekomm's!

Zu Kirchweih 2000

Tina & Egon Binder

SUPPEN

Gänserahmsuppe

Zutaten

Sämtliche Gänsereste (auch Knochen)
2 gelbe Rüben
1 Knollensellerie
1 Lauchstengel
Öl
etwas Hühnerbrühe

Die gesamten Bratenreste, auch die Knochen, grob hacken, und mit den beiden zerteilten Möhren, dem Knollensellerie, Lauchstengel in etwas Fett anrösten. In die Hühnerbrühe geben und 1½ Stunden bei geringer Hitze köcheln lassen, absieben, abkühlen und entfetten.

Gänsereste entnehmen, Fleisch von den Knochen lösen, kleinstückig schneiden. Im Mixer aus dem mitgekochten Gemüse und etwas von der Brühe ein feines Püree bereiten. Unter Zugabe von 4 EL Schlagsahne umrühren und aufkochen. Abschmecken und anrichten.

Zucchinisuppe mit Entenbrust

Zutaten

800 g Zucchini

4 Schalotten

2 EL Öl

¾ l heiße Geflügelbrühe

½ TL Salz

½ TL Paprika

300 g geräucherte Entenbrust

2 EL Öl

4 EL Sahne

1 TL gehackter Salbei

500 g Zucchini schälen und in Würfel schneiden. Die Schalotten würfeln und in Öl glasig dünsten. Die Zucchini hineingeben und mit der Brühe angießen. 12 - 15 Minuten kochen, dann die Suppe pürieren und mit Salz und Paprika würzen. Die restlichen 300 g Zucchini nur grob raspeln, zur Suppe geben und ungefähr 5 Minuten garen lassen.

Die Entenbrust würfeln und in dem heißen Öl unter Wenden 2-3 Minuten braten. In die Suppe geben und zum Schluss die Sahne einrühren. Vor dem Servieren mit Salbei bestreuen.

SALATE

Entensalat mit Früchten

Zutaten

500 g gebratenes Entenfleisch

150 g Apfelspalten

150 g Orangenspalten

4 Ananasscheiben

4 Cocktailkirschen

150 g Mayonnaise

Zitronensaft, Chilisoße, Weinbrand

Kopfsalatblätter

Das Entenfleisch in ca. 2 cm lange und 172 cm breite Streifen schneiden, mit Apfel und Orangen vermischen und mit Zitronensaft, Salz, Pfeffer marinieren. Kaltstellen. Den gut durchgezogenen Entensalat auf Kopfsalatblättern anrichten, mit der mit Zitronensaft, Chilisoße, Weinbrand, abgeschmeckter Mayonnaise überziehen, mit Ananasscheiben und Cocktailkirschen garnieren.

Dazu passt frisches Weißbrot.

Entensalat mit Oliven

Zutaten

500 g Entenbraten

je 100 g grüne und schwarze Oliven

Öl

Salz, Pfeffer

Kräuteressig

Zucker

Die gebratene Ente in Streifen schneiden, Oliven entsteinen und vierteln. Alles vermengen und mit den übrigen Zutaten pikant abschmecken. Zwei Stunden durchziehen lassen, und, falls nötig, nachwürzen. Auf Kopfsalatblättern anrichten und mit Tomatenröschen garnieren.

Mit einem frischen Baguette und Majoranbutter servieren.

Feldsalat mit gebratener Entenbrust

Zutaten	*Walnussdressing*
250 g Feldsalat	*3 EL Walnussöl*
2 kleine Barberie Entenbrüste	*1 EL Pflanzenöl*
¼ l Portwein	*2 EL Portwein*
50 g Walnusskerne	*Salz, Pfeffer*

Den Feldsalat putzen, waschen und gut trocknen, Walnüsse in große Stücke schneiden.

In einer Pfanne mit etwas Fett die Entenbrüste auf der Hautseite anbraten, dann auf der anderen Seite bei schwacher Hitze 5-6 Minuten fertig braten und anschließend warmstellen. Den Bratensatz mit dem Portwein ablöschen und etwas einkochen lassen, so dass etwa 4 EL Soße bleiben. Durch ein Sieb gießen.

Nun das Walnussdressing anrühren und den Feldsalat mit dem Dressing vermischen.

Den Feldsalat auf Teller anrichten und mit den Walnusskernen bestreuen. Die Entenbrust in dünne Scheiben schneiden und fächerartig vor den Salat legen. Mit der Entensoße übergießen und warm servieren.

Dieser Salat schmeckt auch sehr gut mit gebratener Geflügelleber.

VORSPEISEN

Feiner Brotaufstrich von Gänseleber

Zutaten

200 g Gänseleber
1 EL Gänsefett oder Schmalz
1 EL trockener Weißwein
Salz, Pfeffer
100 g Gänseschmalz
100 g Gänsefett

Die Gänseleber sorgfältig abtrocknen und in dem heißen Gänsefett von beiden Seiten braun braten. Mit dem Weißwein ablöschen, salzen und pfeffern und noch ein wenig durchziehen lassen. Herausnehmen und etwas abkühlen lassen. Anschließend durch ein Sieb passieren. Den Rückstand in der Pfanne mit gleichen Teilen Gänsefett und Schmalz in der Pfanne vermischen und gibt dann die Leber darunter. In ein Tongefäß geben und im Kühlschrank aufbewahren.

Beilage: Frisches Bauernbrot.

Feldsalat mit gebratener Entenbrust (Rezept S. 15)

Gänseschmalz (Rezept S. 20)

Gänsepastete im Töpfchen

Zutaten

250 g frischer Schweinespeck (gewürfelt)
1 kg Gänsefleisch (gewürfelt)
Salz, Pfeffer
1 Lorbeerblatt
etwas Wasser

Den gewürfelten Schweinespeck hellbraun anbraten. Das gewürfelte Gänsefleisch, 1 Prise Salz, Pfeffer, Lorbeerblatt und einige Tropfen Wasser dazugeben und alles zusammen 4-5 Stunden lang dünsten. Damit die Masse nicht anbrät, hin und wieder einige Tropfen Wasser hinzugeben. Am besten läßt man sie unter Verschluss in einer nicht zu heißen Ofenröhre dünsten.

Wenn die Masse so zerfallen ist, dass man sie mit einem Löffel zerdrücken kann, gibt man sie in die Fleischmaschine und dreht sie mit der feinsten Scheibe zweimal durch. Sie muss wie eine Paste sein. Dann füllt man sie in ganz kleine Steingut- oder Porzellantöpfchen und gießt sie nach dem Erkalten mit Schmalz zu.

Kühl aufbewahrt hält sich die Paste einige Wochen. Dazu serviert man Röstbrot.

Gänseschmalz

Zutaten

500-600 g Gänsefett

1 Zwiebel

1 Apfel

Majoran (frisch oder getrocknet)

Salz

Vor der Zubereitung legt man das Gänsefett ca. 24 Stunden lang in frisches Wasser, das man öfter erneuert. Danach gut abtropfen lassen, in Würfel schneiden und mit einer Prise Salz, 1 Apfel, 1 Zwiebel und dem Majoran in einem Topf bei geringer Hitze auslassen, wobei es häufiger umgerührt werden muss.

Sobald das Schmalz klar und die Grieben gelbbraun sind, gießt man es durch ein Sieb in einen Steinguttopf.

Beilage: Ein köstlicher Brotaufstrich auf frischem Bauernbrot.

Variante:

Durch Mischung von zwei Teilen Gänsefett und einem Teil Schweineflomen wird ein besonders herzhaft-kräftiger Brotaufstrich gewonnen.

Die Schweineflomen werden mit einem kleingeschnittenen Apfel und kleingeschnittener Zwiebel bei kleiner Hitze im Topf langsam ausgelassen. Wenn die Flomen goldbraun und knusprig sind, gibt man das Gänsefett dazu, würzt mit Salz und wird gut durchgemischt zur Erstarrung in den Kühlschrank gestellt.

Im Kühlschrank oder im Keller hält sich Schmalz 3 Monate. Durch Beigabe von Äpfeln verdirbt Schmalz allerdings schneller. Wer auf Äpfel dennoch nicht verzichten möchte, sollte das Rezept halbieren und lieber kleinere Portionen machen.

Das flüssige „Gold" der Gans enthält mehr gute ungesättigte Fettsäuren als viele Pflanzenöle und ist sehr gesund.

Geräucherte Gänsebrust

Zutaten

Beliebig viele Gänsebrüste

1 l Wasser

100-150 g Salz

10 g Zucker

1 zerhackte Knoblauchzehe

1 g Salpeter

Aus Wasser, Salz, Knoblauch und Zucker eine Lake machen und diese einmal aufkochen lassen. Salpeter erst danach zugeben. Ist der Sud abgekühlt, wässert man damit die Gänsebrust ein und gibt einen Hartholzdeckel darüber, der beschwert werden sollte, umso das Fleisch ständig in der Pökellage zu halten. Acht Tage sollte man die Gänsebrust in der Lake lassen und anschließend ebenfalls so lange räuchern.

Auch wenn das Räuchergut nicht ganz billig ist, lohnt es sich, denn die Gänsebrust ist ein Hochgenuss.

Kalter Gänsebraten mit gefüllten Äpfeln

Der wie üblich zubereitete Gänsebraten wird ausgekühlt und bis auf den Flügel- und Röhrenknochen entbeint und in feine Scheiben geschnitten.

Auf einer Platte werden die Keulenteile als Erstes unten angerichtet, während die in Scheiben geschnittene Brust als Garnitur auf der Keule liegen muss.

Einige kleinere Äpfel werden geschält, vom Kerngehäuse befreit, in Weißwein, Zitrone, etwas Zucker gedünstet, damit sie schön weiß bleiben, und anschließend im Fond abgekühlt. Dann füllt man in jeden Apfel einen Teelöffel Johannisbeergelee und richtet sie zu beiden Seiten des Gänsebratens an.

Beilage: Salat.

Mousse von der Ente

Zutaten

300 g Entenbrust	1 Prise Zimt
0,15 l Sahne	$1/8$ l heller Geflügelfond
2 Blatt Gelatine	4 cl Portwein
30 g Butter	Majoran, Thymian
Salz, Pfeffer	

Die Entenbrust waschen, von Sehnen und Haut befreien und in kleine Würfel schneiden. Die Gelatine in kaltem Wasser einweichen und die Sahne steif schlagen.

In einer Pfanne von der Entenhaut das Fett ausbraten, dann die Haut wieder herausnehmen und die in Würfeln geschnittene Entenbrust etwa 4 Minuten in dem Fett braten. Nun mit Salz, Pfeffer, Thymian, Majoran und einer Prise Zimt würzen. Die Entenbrustwürfeln wieder herausnehmen und den Bratensatz mit dem Geflügelfond und dem Portwein ablöschen. Wenn der Bratensatz ungefähr bis auf die Hälfte eingekocht ist, den Fond passieren, die Gelatine darin auflösen und kalt stellen. Die Entenbrust durch den Fleischwolf drehen und anschließend durch ein Sieb streichen. Jetzt die Butter und den Fond mit der Gelatine unter die Masse schön glatt rühren, dann die steif geschlagene Sahne unterheben. Abschmecken mit Salz und Pfeffer, gegebenenfalls noch ein paar Spritzer Portwein zugeben.

Die Masse in eine kleine lange Terrinenform geben und kalt stellen, dann stürzen und in Scheiben schneiden. Mit Feldsalat anrichten.

– HAUPTGERICHTE –

Avocado-Ragout mit Geflügelleber

Zutaten

2 rote Paprikaschoten	2 EL Crème fraîche
2 kleine Zwiebeln	10 cl Schlagrahm
40 g Butter	2 reife Avocados
500 g Entenleber	2 El Zitronensaft
Salz, schwarzer Pfeffer	1 Prise Zucker
5 cl trockener Sherry	etwas ger. Muskatnuss

Den Backofen auf 240 Grad vorheizen. Die Paprikaschoten darin solange rösten, bis die Haut runzlig wird, in ein feuchtes Küchentuch wickeln, 5 Minuten abkühlen lassen. Anschließend häuten, entkernen und das Fruchtfleisch in dünne Streifen schneiden. Zwiebeln schälen und fein hacken. Butter in einer großen Pfanne erhitzen und die Zwiebeln darin glasig andünsten. Geflügelleber kurz waschen, trocknen, von Häuten und Sehnen säubern. In kleine Würfel schneiden, in die Pfanne geben und unter ständigem Wenden rundherum anbraten. Mit Salz und Pfeffer würzen, mit Sherry, Crème fraîche und Sahne ablöschen, einmal aufkochen lassen. Avocados schälen, halbieren, entkernen und etwa 2 cm große Würfel schneiden, mit Zitronensaft vermischen und zusammen mit den Paprikastreifen in das Ragout geben. Mit etwas Zucker, Muskatnuss, Salz, Pfeffer abschmecken und kurz erhitzen.

Beilage: Reis oder Erdäpfelbrei.

Bayerische Bauernente

Zutaten

1 Ente, (ca. 2,5 kg)
2 Zwiebeln
1 Apfel
Majoran
2 EL Petersilie
Salz, Pfeffer
½ l Fleischbrühe

Die Ente für 1 Stunde in Eiswasser legen. Für die Soße Hals und Flügel abschneiden und klein hacken. Apfel und Zwiebeln schälen, würfeln und mit den Kräutern mischen. Nun die Ente innen und außen mit Salz und Pfeffer einreiben und mit der Apfel-Zwiebel-Mischung füllen. Zunähen oder mit einer Nadel zustecken. Die Ente in einen Bräter legen und ½ l Wasser zugeben. Im vorgeheizten Backofen bei 175 Grad etwa 2 Stunden braten. Während der Bratzeit immer wieder mit der Bratflüssigkeit begießen. Wenn die Ente schön knusprig braun ist, aus dem Rohr nehmen, das Bratfett abschöpfen und beiseite stellen. Die Flügel- und Halsstücke für die Soße im Bratensatz der Ente bräunen. Dazu die Füllung aus der Ente nehmen und im Bratensatz kurz mitschmoren. Dann die Brühe zugießen und bei kleiner Hitze im geschlossenen Topf etwa 20 Minuten köcheln. Zum Schluss die Soße passieren, mit Salz und Pfeffer würzen und von dem beiseite gestellten Bratfett 2 EL unterrühren. Warm stellen. Von der Ente die Keulen abtrennen und die Knochen herauslösen. Das Brustfleisch ebenfalls vom Knochen lösen.

Mit der Soße, Rotkohl und Semmelknödel auf vorgewärmten Tellern servieren.

Bayerisches Gänsefrikassee

Zutaten

½ Gans	etwas Zitronenschale
1 kleine Zwiebel	Salz, Pfeffer, Paprika
4 Nelken	⅛ l Weißwein
1 gelbe Rübe	⅛ l Sahne
½ Stange Lauch	1 Eigelb
1 kleines Stück Sellerieknolle	1 EL gehackte Petersilie
1 Thymianzweig	50 g Butter
4 Pfefferkörner	70 g Mehl
3 Knoblauchzehen	etwas Gänseschmalz

Die Gans in kleine Stücke schneiden und in einen großen Topf mit soviel Wasser legen, dass sie gerade bedeckt ist. Zusammen mit einer mit Nelken gespickten Zwiebel und den anderen Gewürzen eine Stunde langsam kochen lassen. Das Gänsefleisch herausnehmen, noch warm von den Knochen lösen und in kleine Stücke schneiden. In einen Topf geben, mit etwas Gänsefett von der Brühe begießen, zudecken und bei schwacher Hitze ganz langsam dünsten. Aus Butter mit Mehl eine helle Einbrenne machen und gleich mit der abgeseihten Brühe aufgießen, eine Weile kochen lassen und mit Pfeffer, Paprika, Wein und Salz abschmecken. Den in Stücke geschnittenen Lauch in etwas Gänseschmalz dünsten. Die Soße vom Herd nehmen, das Ei mit der Sahne verquirlen und die Soße damit legieren. Die Soße über das Fleisch gießen, den Lauch darüber verteilen und mit gehackter Petersilie bestreuen.

Beilage: Dazu passen Reis oder Nudeln.

Bayerwald-Gans

Zutaten

1 Gans (ca. 4 kg)

2 Äpfel

2 Zwiebeln

3-4 Lorbeerblätter

1 TL Majoran

Salz, Pfeffer

Speisestärke

Die ausgenommene Gans waschen und mit Salz und Pfeffer innen und außen gut einreiben. 2 Äpfel waschen, schälen, Kerngehäuse entfernen, halbieren und die Gans damit füllen. Den Boden des Bräters mit heißem Wasser füllen. Lorbeerblätter, Majoran, etwas Salz und die in Scheiben geschnittenen Zwiebeln dazugeben. Die Gans auf den Bauch legen und 2½ Stunden im vorgeheizten Rohr bei 250-300 Grad braten. Nach ca. 1½ Stunden Bratzeit die Gans mit der Bratenflüssigkeit übergießen, wenden und immer wieder mit dem heraustretenden Fett übergießen, damit sie schön braun und knusprig wird. Die Flüssigkeit je nach Bedarf wieder mit etwas heißem Wasser auffüllen.

Zum Schluss die Gans herausnehmen, warm stellen, die Bratenflüssigkeit entfetten, durch ein Sieb passieren und mit in kaltem Wasser angerührter Speisestärke binden.

Die Gans tranchieren und mit Reiberknödel und Blaukraut servieren.

Variante:

Mit Füllung:
2 alte Semmeln
1 Ei
1 Zwiebel
Majoran, Pfeffer, Salz
Mehl
Innereien der Gans

Semmeln in der Milch einweichen. Innereien mit der Küchenmaschine durchdrehen. Alles vermischen und die Masse in die Gans oder Ente füllen und mit Bratennadel zustecken oder zunähen.

Birnen-Ente

Zutaten

1 Ente

1 EL Salz

1 EL weißer Pfeffer

2 EL Currypulver

¼ l Birnensaft (Dose)

Saft von 1 Zitrone

5 EL Schlagsahne

1 TL Mehl

2 TL Honig

8 Birnenhälften (Dose)

Ente gründlich waschen und gut mit Küchenkrepp abtrocknen. 1 EL Curry mit Salz und Pfeffer mischen, die Ente innen und außen einreiben. Keulen und Brust mehrmals einstechen. Backofen auf 220 Grad vorheizen. Die Ente in den Bräter mit dem Rücken nach oben legen und offen 20 Minuten braten. Danach das Fett abgießen, die Ente wenden und weitere 25 Minuten braten. Den Birnensaft mit Zitronensaft und dem restlichen Curry vermischen, erhitzen und die Birnen darin ziehen lassen. 10 Minuten vor Bratzeitende die Ente mit ein wenig Birnensaft begießen und fertig braten. Ente herausnehmen und warm stellen. Den Bratenfond entfetten und mit dem Birnensaft in einen Topf geben. Sahne und Mehl miteinander verrühren und zu der Birnensoße geben. Unter ständigem Rühren erhitzen, bis die Soße gebunden ist, mit Salz, Curry und dem Honig abschmecken. Dann die Birnen hineingeben und erhitzen, mit Kartoffelkroketten zur Ente servieren.

Ente in Orangensoße

Zutaten

1 Ente	280 ml fettarme Hühnerbrühe
3 Orangen	2 El rotes Johannisbeergelee
15 g Butter	1 EL kaltes Wasser
1 EL Öl	1 TL Pfeilwurz
90 ml Rotwein	Salz, frisch gemahlener schwarzer Pfeffer

Die Schalen von zwei Orangen mit einem Kartoffelschäler so dünn abschälen, dass nichts Weißes mehr anhaftet und in ganz feine dünne Streifen schneiden. In wenig Salzwasser weich kochen und das Wasser abschütten. Zwei Orangen auspressen. Saft beiseite stellen. Die letzte Orange schälen, die weißen Häute entfernen und mit einem scharfen Messer in feine Streifen schneiden. Die Ente waschen, mit Küchenpapier trockentupfen. Butter und Öl in einen großen Wok geben und erhitzen. Die Ente von allen Seiten schön braun braten. Aus dem Wok nehmen, etwas abkühlen lassen. Schlegel und Flügel mit einer Geflügelschere abschneiden. Die Ente halbieren und die Hälften in 2,5 cm dicke Scheiben schneiden. Fett aus dem Wok gießen. Entenstücke, Brühe, Rotwein, Johannisbeergelee, Orangensaft und die gut abgetropften Orangenschalen in den Wok geben. Zum Kochen bringen und abschmecken. Die Hitze herunterschalten, bei geschlossenem Deckel 20 Minuten köcheln lassen. Fett abschöpfen, Pfeilwurz und Wasser mischen und in die Soße geben. Wieder zum Kochen bringen und weitere 5 Minuten die Soße eindicken lassen. Die Ente auf einer Platte anrichten, mit Orangenscheiben belegen und mit ein wenig Soße begießen, den Rest der Soße gesondert reichen. Mit gekochtem Vollkornreis servieren.

Ente in Rotwein

Zutaten

1 deutsche Markenente	$^1/_8$ l Fleischbrühe
Salz, Pfeffer	$^1/_4$ l trockener Rotwein
50 g Butter	1 TL Speisestärke
1 EL Öl	2 Birnen
2 Tassen Wasser	4 TL Johannisbeergelee
1 Bund Suppengrün	

Die Ente innen und außen gut waschen und trockentupfen. Mit Salz und Pfeffer innen und außen würzen. Die ausgelassene Butter über die Ente gießen. Die Fettpfanne des Grillrosts mit 1 EL Öl und 2 Tassen Wasser füllen. Nun die Ente auf den Grillrost über der Fettpfanne legen und im vorgeheizten Ofen bei 200 Grad ca. 1½ Stunden braten. Nach 10 Minuten das fein geschnittene Suppengemüse dazugeben und mit der Fleischbrühe und der Hälfte des Rotweins ablöschen. Während der gesamten Bratzeit die Ente immer wieder mit dem Bratensaft begießen.

Dann die Ente herausnehmen und warm stellen. Die Soße in eine Kasserolle geben, den restlichen Rotwein zufügen und mit der angerührten Speisestärke binden. Gut durchkochen lassen und mit Salz und Pfeffer abschmecken. Auf einer vorgewärmten Platte die Ente anrichten und mit gedünsteten Birnenhälften umlegen. Auf die Birnenhälften jeweils 1 TL von dem Johannisbeergelee geben.

Ente in Sherry

Zutaten

1 Ente (ca. 1,8 kg)

Salz

weißer Pfeffer

1 naturreine Apfelsine

2 EL Speisestärke

¼ l Hühnerbrühe

2 EL Zitronensaft

2 EL trockener Sherry

125 g Weintrauben

Paprikapulver edelsüß

Die ausgenommene Ente waschen, trockentupfen, innen und außen salzen und pfeffern. Die Ente mit der Brust nach unten in einen mit heißem Wasser gefüllten (etwa 4 cm hoch) Bräter legen und salzen. Auf der mittleren Schiene im Backrohr bei 225 Grad etwa 50 Minuten garen. Die Ente zwischendurch wenden, zuletzt die Brust bräunen. Die Apfelsine gut heiß abwaschen, die Schale dünn abschälen und in feine Streifen schneiden. Dann den Saft auspressen und die Speisestärke damit glatt rühren. Die Brühe aufkochen, mit der Speisestärke binden. Apfelsinenstreifen, Zitronensaft und Sherry dazugeben, kurz durchkochen. Weintrauben waschen, halbieren und entkernen und ebenfalls darunter mischen.

Mit Salz, Pfeffer und Paprika würzen und abschmecken und zu der Ente servieren.

Beilage: Gedünstete Möhren.

Ente in Weißwein

Zutaten

1 Markenente (ca. 1,8 kg)
Salz, schwarzer Pfeffer
500 g kleine, frische Champignons
120 g Räucherspeck
300 g Schalotten
3 EL Öl
3 Knoblauchzehen
3 EL Mehl
½ l Weißwein
1 Lorbeerblatt
Thymian
½ unbehandelte Zitrone

Die gewaschene Ente in 8 Teile zerlegen, häuten und das Fett herausschneiden. Alle Teile mit Salz und Pfeffer einreiben, die Champignons putzen, Schalotten schälen und zerteilen. In einen Bräter 2 EL Öl, den Speck und die Schalotten geben, bei mittlerer Hitze den Speck auslassen und die Schalotten goldbraun braten. Den geschälten und gepressten Knoblauch zufügen.

Mit einem Schaumlöffel die Schalottenmischung aus dem Topf herausnehmen, das Fett jedoch im Topf lassen. Nun die Champignons in dem Fett unter Rühren hellbraun braten und herausnehmen. Einen TL Öl in dem Topf erhitzen und die Ententeile nach und nach von jeder Seite anbraten. 3 EL Mehl darüber stäuben und anschwitzen, den Wein nach und nach unterrühren. Schalottenmischung, Lorbeerblatt und Thymian zufügen und alles zugedeckt bei mittlerer Hitze 40 Minuten köcheln lassen. Die geputzten Champignons hineingeben und alles bei starker Hitze offen noch ca. 20 Minuten köcheln.

Abschmecken mit Zitronenschale, Zitronensaft, Salz, Pfeffer und mit Thymian garniert servieren.

Beilage: Reis und Salat.

Ente in Sherry (Rezept S. 33)

Entenkeulen in Traubensahne

Entenkeulen in Traubensahne

Zutaten (für 4 Personen)
8 frische Flugentenkeulen
Salz
Schwarzer Pfeffer
50 g Butter
$1/8$ l Schlagsahne
$1/8$ l Hühnerfond
400 g grüne und blaue Weintrauben (möglichst klein)
$1/8$ l Auslese-Weißwein
1 EL Mehl

Die Keulen kurz waschen, evtl. die Haut abziehen. Rundherum mit Salz und Pfeffer einreiben. Auf die Fettpfanne des Backofens legen, mit 40 g zerlassener Butter beträufeln, 10 Minuten bei 225 Grad (Gas: Stufe 4) braten. Sahne und Brühe angießen bei 200 Grad (Gas: Stufe 3). Noch 20 Minuten dünsten, zwischendurch die Entenkeulen zweimal mit der Soße begießen. Die Hälfte der Weintrauben waschen, entkernen und unter die Soße mischen. Noch 10 Minuten gar ziehen lassen. Die Keulen herausnehmen, warm stellen. Die Soße in einen Topf umfüllen, den Wein unterrühren, aufkochen. Die übrige Butter mit dem Mehl verkneten, stückchenweise in die Soße rühren. Kurz aufkochen, abschmecken, zu den Keulen servieren. Mit den restlichen Trauben garnieren.

Ente mit Ananas

Zutaten

1 Ente (ca. 2 kg)	6 EL Preiselbeerkompott
Salz	½ l Apfelsaft
6 mittelgroße Äpfel	3 EL Sahne
2 EL Öl	15 g Speisestärke
1 Glas oder Dose Rotkohl	4 Scheiben Ananas
20 g Schweineschmalz	

Die Ente waschen, trocknen und innen mit Salz einreiben. Von den geschälten Äpfeln die Kerngehäuse ausstechen und zwei davon in die Ente füllen. Mit Holzstäbchen zustecken oder zunähen. Backofen auf 200 Grad vorheizen.

Die Ente mit Öl bestreichen und auf den Bratrost in den Ofen geben. Eine Fettpfanne mit etwas Wasser darunter schieben. Die Ente 1½-2 Stunden braten. Während der Bratzeit öfter mit Bratensaft begießen.

15 Minuten vor Bratzeitende die restlichen Äpfel dazugeben und mitschmoren lassen.

Nun den Rotkohl im Topf erhitzen, Schmalz und 1 EL Preiselbeerkompott unterrühren.

Wenn die Ente gar ist, aus dem Ofen nehmen und warm stellen. Den Bratenfond entfetten und mit ¼ l heißem Wasser loskochen, durch ein Sieb passieren und mit Apfelsaft auffüllen. Diese Soße zum Kochen bringen und mit der in Sahne angerührten Speisestärke binden.

Das restliche Kompott in die Bratäpfel füllen und die Ente mit Ananas, Äpfeln sowie dem Rotkohl servieren.

Ente mit Honig-Äpfeln

Zutaten

1 Markenente (ca. 1,5 kg)	2 EL Bienenhonig
Salz, weißer Pfeffer	7 EL Apfelmus
5 Äpfel	7 EL trockener Apfelwein
2 Zwiebeln	2 EL Zitronensaft
1 Prise Muskatnuss	3 EL Butter

Ente ausnehmen, gut waschen und abtrocknen. Innen und außen salzen und pfeffern. Zwei geschälte Äpfel vierteln, entkernen und in Spalten schneiden. Zwiebeln fein hacken und zu den Apfelspalten geben. Mit Muskat, Salz, Pfeffer und dem Honig würzen und die Ente damit füllen. Zunähen oder zustecken. Den Bräter mit heißem Wasser etwa 6 cm hoch füllen, salzen und die Ente mit der Brust nach unten hineinlegen. Auf der mittleren Schiene des auf 200 Grad vorgeheizten Backofens ungefähr 1½ Stunden braten.

Apfelmus und Apfelwein inzwischen verrühren und nach 20 Minuten zu der Ente geben. Die Ente ab und zu wenden.

Von den restlichen gewaschenen Äpfeln die Kerngehäuse ausstechen und in Ringe schneiden, sofort in Zitronensaft wenden. In einer Pfanne mit heißer Butter goldbraun braten.

Zum Schluss die fertige Ente tranchieren, mit den Apfelscheiben anrichten. Den entfetteten Bratenfond abschmecken und getrennt dazu reichen.

Beilage: Kartoffelknödel und Salat.

Ente mit Ingwer-Apfelsoße

Zutaten

1 Ente (ca. 2,5 kg)
2 EL Geflügel-Würzmischung
½ TL Beifuß (gemahlen)
1 Msp. Ingwer
3 säuerliche Äpfel
½ l Apfelsaft
Salz
2 EL Mehl
2 EL Crème fraîche

Die Ente säubern, mit Küchenkrepp abtrocknen und innen und außen mit der Geflügel-Würzmischung einreiben. Backofen auf 200 Grad vorheizen. In einem Bräter die Ente ca. 20 Minuten vorgaren. Äpfel waschen und schälen, vierteln, entkernen und in den Bräter geben. ⅛ l Wasser und Apfelsaft dazugeben und ca. 50 Minuten abgedeckt schmoren lassen. Bei Bedarf etwas Wasser nachgießen. Kurz vor Ende der Garzeit die Ente mit Salzwasser bestreichen, damit die Haut schön knusprig wird. Die Ente aus dem Bräter nehmen und warm stellen. Den Bratenfond entfetten, die Äpfel noch etwas zerdrücken und mit dem in Wasser angerührtem Mehl binden. Die Soße mit den Gewürzen pikant abschmecken und zum Schluss mit Crème fraîche verfeinern. Dazu schmecken böhmische Kartoffelknödel und Blaukraut.

Ente pikant mit Ingwer-Äpfeln

Zutaten

1 Ente	70 g Butterschmalz
2 Äpfel	1 TL frischer Ingwer
Saft von ½ Zitrone	(fein geraspelt)
1 Zwiebel	Salz, Pfeffer
2 Knoblauchzehen	½ TL Beifuß (getrocknet)
2 Scheiben Toastbrot	2 Eigelb
Herz und Leber der Ente	⅛ l Apfelsaft

Die gewaschene Ente trocknen. Äpfel schälen, Kerngehäuse entfernen und das Fruchtfleisch würfeln. Sofort mit Zitronensaft beträufeln, damit sie nicht braun werden. Toastbrote würfeln, Zwiebel, Knoblauch, Herz und Leber fein schneiden. In 35 g heißem Butterschmalz die Zwiebeln anbraten, die Knoblauchwürfel dazugeben, dann die Innereien und zum Schluss die Brotwürfel dazugeben, etwas Farbe annehmen lassen. Den frisch geriebenen Ingwer, Salz, Pfeffer, Beifuß, 2 Eigelb und Äpfel darunter mischen. Das Innere der Ente salzen und pfeffern, mit der Apfelmischung füllen und zunähen. Im restlichen Butterschmalz die Ente ringsum anbraten, bis sie eine schöne Kruste hat. Im vorgeheizten Backofen bei 180 Grad etwa 1½ Stunden braten. Jede Viertelstunde mit Bratensaft und wenig Apfelsaft begießen.

Zum Schluss die Ente teilen und mit der Füllung anrichten.

Gänsebrust in Kräutergelee

Zutaten

1,5 kg Gänsebrust
Salz, Pfefferkörner
1 Zwiebel
250 g Wurzelwerk
gehackte frische Kräuter
Gelatine

Die Gänsebrust mit Wasser bedecken, gut würzen, mit Wurzelwerk und Zwiebel langsam kochen und im Fond erkalten lassen. Herausnehmen und von den Knochen lösen. Den Fond entfetten und passieren und mit Essig, Gelatine und den gehackten Kräutern ein leichtes Gelee bereiten. Die Gänsebrust in Stücke tranchieren, in eine hübsche Form legen, garnieren, mit dem Kräutergelee zugießen und kalt stellen. Dazu passen Röstkartoffeln.

Gelees stets sehr kräftig würzen, da der Abkühlungsprozess die Geschmacksintensität verringert.

Gänsebrust
mit Rotwein im Teigmantel

Zutaten (für vier Personen)

Ca. 1 kg Gänsebrust	1 Schalotte
½ l trockener Rotwein	1 Lorbeerblatt
1 EL frische Thymianblättchen	125 g Mehl
grob gemahlener Pfeffer	Mehl zum Ausrollen
50 g Schweineschmalz	2 EL Milch
Salz	1 Ei
4 dünne Scheiben durchwachsener Räucherspeck (50 g)	

Die Gänsebrust in eine Schüssel legen, den Rotwein darüber gießen, Schalotte abziehen und fein hacken, zusammen mit Thymianblättchen, Lorbeer und Pfeffer dazugeben. Mehrere Stunden zugedeckt in den Kühlschrank stellen. Mehl, Schmalz und 1 TL Salz zu einem glatten Teig verkneten, dabei nach und nach einige EL kaltes Wasser unterarbeiten, bis der Teig geschmeidig ist. Mindestens zwei Stunden kalt stellen. Die Gänsebrust aus der Marinade nehmen, gut trocken tupfen. Die Marinade durch ein Sieb gießen. Das Lorbeerblatt entfernen, die Schalotten auf die Gänsebrust geben. In Speck einhüllen. Den Teig auf einer leicht bemehlten Arbeitsfläche ausrollen, die Gänsebrust darin einhüllen, alle Kanten sorgfältig festdrücken. Das Ei mit der Milch verquirlen, den Teig damit bestreichen. Eine Öffnung oben in den Teigmantel machen. Bei 175 Grad (Gas: Stufe 2) für etwa 30 Minuten in den Ofen schieben. Die Rotweinmarinade auf $1/3$ einkochen lassen, während der Garzeit nach und nach durch die Pasteten-Öffnung zur Gänsebrust gießen.

Gänsegulasch

Zutaten

1 junge Gans (ca. 3 kg)   1 l Geflügelfond (aus dem Glas)
5 EL Öl   2 gelbe Rüben (Mohrrübe)
6 Zwiebeln   Petersilie
4 cl Cognac   Majoran
Salz, Pfeffer   1 Lorbeerblatt
80 g Mehl   80 g Wammerl (Bauchspeck)
½ l trockener Rotwein

Zwiebeln schälen und würfeln, die gelben Rüben in Scheiben und das Wammerl in kleine Würfel schneiden.

Von der gewaschenen, trockenen Gans das Fett entfernen und die Gans in Stücke schneiden.

In einem Bräter das Öl erhitzen und die Geflügelteile zusammen mit den gewürfelten Zwiebeln rundherum anbraten. Mit dem Cognac flambieren, salzen, pfeffern, mit Mehl bestäuben und gut anschwitzen. Den Rotwein und Geflügelfond zugießen, die gelben Rübenscheiben und die Kräuter dazugeben und alles 2 Stunden leise köcheln lassen.

In einer kleinen Pfanne die Wammerlwürfel braun rösten und ca. 1 Stunde vor Garzeitende ohne das ausgebratene Fett in den Bräter geben.

Abschmecken und mit Semmelknödeln servieren.

Gänseklein-Eintopf

Zutaten

Innereien von Magen, Leber, Herz, Lunge, Hals, Flügel

1 gelbe Rübe

1 Zwiebel

Petersilie

1 halbe gewürfelte Sellerieknolle

1 Tasse Reis

Das Gänseklein in kleine Stücke hacken, den Magen in grobe Würfel schneiden, in einen Topf geben und mit Wasser reichlich bedecken. Sobald das Wasser kocht, gut abschäumen, und je eine große gewürfelte Mohrrübe, Zwiebel, Petersilienwurzel und die gewürfelte Sellerieknolle hinzugeben. Nach einstündiger Kochzeit die gut gehäufte Tasse Reis zufügen, eventuell noch etwas Wasser zugeben und alles zusammen gar kochen. Vor dem Servieren gehackte Petersilie darüber streuen.

Gänseleber mit Blut

Zutaten

500 g Gänseleber

das Blut einer Gans

3 feingeschnittene Zwiebeln

3 EL Gänseschmalz

Salz, Pfeffer

Beim Schlachten der Gans das Blut auffangen und stocken lassen. Das gestockte Blut und die Gänseleber fein hacken. Die Zwiebeln fein schneiden, im Gänseschmalz hellbraun rösten, das Gehackte dazugeben, kurz mitrösten und mit Salz und Pfeffer würzen. Sofort servieren.

Beilage: Reis oder Erdäpfelbrei.

Gänseleber mit Zwiebeln und Madeira

Zutaten

600 g Gänseleber

2 EL Mehl

80 g Gänsefett oder Schmalz

2 mittelgroße Zwiebeln

1/8 l Madeira

Die Gänseleber ist besonders beliebt. Es lassen sich herrliche Gerichte machen, die nicht viel Zeit in Anspruch nehmen. Man rechnet pro Person ca. 150 g.

Die Gänseleber in Würfel schneiden und mit Mehl bestäuben. Die Zwiebeln fein schneiden und im Fett goldgelb rösten. Die Leber dazugeben und bei starker Hitze gut braten, damit sich keine Flüssigkeit bildet. Die Leber sollte innen noch zartrosa sein.

Die Leber herausnehmen und auf einen vorgewärmten Teller legen, warm stellen. Den Bratensaft in der Pfanne mit Madeira aufgießen, einmal aufkochen lassen und über die Gänseleber gießen. Erst jetzt salzen und pfeffern, weil sie sonst hart wird.

Beilage: Reis, Erdäpfel, Salat.

Gänseragout in Thymiansoße

Zutaten (für 4 Personen)

750 g Gänsekeulen

1 kleine Zwiebel

2 EL Butterschmalz

2 EL Mehl

200 ml Geflügelbrühe

100 ml Rotwein

Salz, Schwarzer Pfeffer

2 zerdrückte Wacholderbeeren

1 TL frische Thymianblätter

1 kleine Dose Mischpilze (ca. 200 g)

Das Fleisch der Gänsekeulen von den Knochen lösen und würfeln, die Zwiebeln abziehen und hacken. Das Butterschmalz in einer Pfanne erhitzen, das Fleisch darin scharf anbraten. Zwiebelwürfel dazugeben, kurz anrösten. Mehl darüber stäuben, goldbraun anschwitzen, dann mit der Brühe ablöschen. Aufkochen, den Rotwein angießen, mit Salz, Pfeffer und Thymian gewürzt bei milder Hitze etwa 40 Minuten schmoren. Die Pilze abtropfen lassen, eventuell kleiner schneiden, im Ragout erhitzen. Zum Schluss nochmals gut abschmecken.

Gänseschwarzsauer

Zutaten

1 Gänseklein (Kopf, Hals, Flügel, Magen, Herz und Füße)

1½ l Wasser

etwas Salz

etwas Majoran

3 Nelken

250 g gemischtes Backobst

Gänseblut

1 gestrichener EL Weizenmehl

etwas Essig

etwas Zucker

Beim Schlachten der Gans wird das Blut aufgefangen. Mit etwas Essig verquirlt kann man es einige Tage unbedeckt kühl aufbewahren.

Das Wasser mit etwas Salz, Majoran und den Nelken auf Stufe 3 zum Kochen bringen, das Gänseklein hineingeben und auf Stufe 1 weich kochen lassen. Inzwischen läßt man in einem irdenen Topf Backobst mit wenig Wasser weich dünsten, gießt dann die Gänsekleinbrühe mit dem Fleisch hinzu und, wenn alles kocht, auch das mit etwas Mehl verquirlte Blut und läßt alles zusammen noch einmal aufkochen. Mit Essig und Zucker abschmecken. Es sollte angenehm süßsauer schmecken. Das aus den Knochen gelöste Fleisch und das Backobst in eine Schüssel geben und die Soße darüber gießen. Dazu Kartoffel- oder Semmelknödeln reichen.

Kochzeit: 1½ Stunden.

Gänsesülze

Zutaten

1 kg Gänseteile	9 Blatt weiße Gelatine
250 g Mohrrüben	Essigessenz
1 Sellerieknolle	Worcestersoße
150 g Erbsen	Zitronenscheiben
Salz, Pfeffer, Zucker	Petersilie
Lorbeerblatt	

Die Gänseteile kalt abspülen und abtropfen lassen. In einem Topf mit kochendem Wasser die Gänseteile mit dem Salz, Pfeffer, Lorbeerblatt aufkochen lassen. Etwa 2 Stunden bei geringer Hitze garen.

20 Minuten vor Kochende die Möhren, Sellerieknolle und Erbsen dazugeben. Inzwischen die Gelatine einweichen. Die Gänseteile nach der Garzeit aus der Brühe nehmen, das Fleisch von den Knochen lösen und in 2 cm große Stücke schneiden. Das Gemüse herausnehmen und zerteilen.

Nun die Brühe durchsieben, ¾ l davon abmessen, die ausgedrückte Gelatine darin auflösen und mit Salz, Essigessenz, Worcestersoße und Zucker abschmecken. In einer Form von mindestens einem Liter Fassungsvermögen einen halben Zentimeter hoch die flüssige Gelatine einfüllen und im Kühlschrank erstarren lassen. Anschließend dünne Zitronenscheiben und Petersilie auf die starre Masse auflegen und die Brühe mit dem Gänsefleisch und Gemüse darübergeben. Über Nacht im Kühlschrank erstarren lassen. Vor dem Servieren stürzen.

Beilage: Frisches Bauernbrot oder Röstkartoffeln.

Gansjung

Zutaten

Innereien von Magen, Leber, Herz,
Lunge, Hals, Flügel
2-3 Lorbeerblätter
1 Zwiebel, grob geschnitten
Pfeffer
1 Brühwürfel
Mehl
Butter

Die Innereien zusammen mit den Lorbeerblättern, der Zwiebel, dem Brühwürfel in kaltem Wasser mit etwas Salz aufkochen und ca. 1 Stunde kochen lassen. Dann die Innereien herausnehmen und klein schneiden. In einer Pfanne eine Mehlschwitze zubereiten und in den Topf geben. Durch ein Sieb passieren und die Innereien wieder hineingeben. Abschmecken mit dem Saft einer halben Zitrone und ein paar Essigspritzer.

Gansleber im Apfelkranz

Zutaten

1 Gansleber

10 g Butter

Pfeffer, Salz

2 Äpfel

$1/8$ l Weißwein

Die in feine Scheiben geschnittene Gansleber salzen, pfeffern und rasch auf beiden Seiten in der Butter braten. Herausnehmen und warm stellen. Von den geschälten Äpfeln die Kerngehäuse ausstechen, in Scheiben schneiden und im gleichen Fett wie die Leber braten.

Auf Teller die gebratenen Äpfel rund um die Leber reihen.

Den Bratensatz mit dem Wein aufgießen und den Fond über die Leber gießen.

Mit trockenem Reis anrichten.

Gänsebrust mit Rotwein im Teigmantel (Rezept S. 43)

Gänseragout in Thymiansoße (Rezept S. 48)

Gansleber mit Pilzen

Zutaten

1 Gansleber

1 EL Mehl

30 g Butter

125 g Pilze

1 gelbe Rübe

1 Zwiebel

1 TL Salz

1 Msp. Pfeffer

2-3 EL Weißwein

Die Zwiebel in Scheiben und die gelbe Rübe in Stücke schneiden. Die Gansleber waschen und mit der Zwiebel, der gelben Rübe, den gewaschenen und fein geschnittenen Pilzen, 3-4 EL Wasser in einer Pfanne mit heißer Butter zugedeckt dämpfen. Leber herausnehmen und warm stellen. Das Mehl mit etwas kaltem Wasser anrühren, zu der Soße geben, aufkochen lassen und durchsieben. Nun die Leber mit Salz, Pfeffer und Wein wieder in die Soße legen und zugedeckt kurz heiß stellen.

Beilage: Wildreis.

Gebeizte Gans

Zutaten

1 Gans, nicht zu fett (ca. 3 kg)	1 große gelbe Rübe
2 Zitronen	1 großes Lorbeerblatt
½ Stange Meerrettich	2 Nelken
1 Tassenkopf voll Kapern	8 Pfefferkörner
1 Liter Weinessig	8 Gewürzkörner
2 Zwiebeln	Salz

Die Gans in nicht zu kleine Stücke schneiden und mit der gelben Rübe und einer Zwiebel in leicht gesalzenem Wasser weich kochen und in der Brühe auskühlen lassen. Den Weinessig mit der anderen Zwiebel, den Nelken, Pfeffer- und Gewürzkörnern, Lorbeerblatt und 1 Liter von der Brühe eine halbe Stunde lang durchkochen.

Das Gänsefleisch in einen Steintopf legen und die in Scheiben geschnittenen und entkernten Zitronen, die Kapern und den in ganz dünne Scheibchen geschnittenen Meerrettich dazwischen schichten. Darüber die durchgeseihte Essigmarinade gießen, das Ganze muss gut bedeckt sein; wenn sie nicht reicht, noch etwas von der abgefetteten Brühe zugeben.

Das Fleisch 2-3 Tage beizen lassen (nicht länger), dann wird es in einer Schüssel mit den Zutaten und etwas von der Beize angerichtet und bestreut alles mit gehackter Petersilie. Kalte Meerrettichsoße dazu reichen.

Ausreichend für etwa 8 Personen.

Gebratene Gans mit Apfel-Maronen-Füllung

Zutaten

1 bratfertige Gans (ca. 5 kg)

1/8 l Bier

1/8 l trockener Rotwein

Füllung:

400 g Maronen

2 große säuerliche Äpfel

Herz und Leber von der Gans

1 Semmel

1 EL Butter

1 Eigelb

1 TL Salz, 2 Msp. weißer Pfeffer

je 2 Prisen Majoran und Beifuß

2 TL Salz

Die Maronen mit spitzem Messer über der runden Seite quer einschneiden und in kochendem Salzwasser zugedeckt 30 Minuten kochen lassen. Maronen gut abtropfen, etwas abkühlen lassen und schälen. Die Gans innen und außen gründlich kalt waschen, gut abtrocknen und die Bürzeldrüse abschneiden. Äpfel schälen, vierteln, entkernen und in kleine Würfel schneiden. Herz und Leber waschen, abtrocknen und klein würfeln. Die Semmel in kaltem Wasser einweichen und den Backofen auf 200 Grad vorheizen. Die Herz- und

Leberwürfel in einer Pfanne mit Butter hellbraun anbraten. Semmel ausdrücken und die Maronen in Achtel schneiden. Die Innereien, Apfelwürfel, ausgedrückte Semmel, Maronenstücke, Eigelb und das Salz miteinander vermischen. Die Füllung mit Pfeffer, Majoran und Beifuß würzen, die Gans damit stopfen, mit Küchengarn zunähen und Keulen und Flügel fest an den Körper binden. In einer Tasse Wasser das restliche Salz auflösen. Die Gans mit dem Bauch auf dem Rost über die kalt ausgespülte Fettpfanne auf die unterste Schiene im Backofen geben und 3-3½ Stunden braten. Nach 90 Minuten die Gans auf die Seite legen und 2 Tassen heißes Wasser in die Fettpfanne des Backofens geben. Von jetzt an des Öfteren die Gans mit dem Salzwasser bestreichen und nach 30 Minuten auf die andere Seite legen. Nach 2 Stunden Bratzeit die Gans auf den Rücken legen und mehrmals mit einer dicken Nadel in die Schenkel stechen, damit überflüssiges Fett austreten kann.

In den letzten 30 Bratminuten die Gans öfter mit dem Bier beträufeln und nach Ende der Bratzeit auf dem Rost im abgeschalteten Rohr noch etwas ruhen lassen. Mit heißem Wasser den Bratenfond in der Fettpfanne lösen, in einen Topf umgießen und gut entfetten. Mit Salz, Pfeffer und etwas Rotwein abschmecken.

Beilage: Rotkohl, Reiberknödel.

Gebratene Gänseleber mit Apfelkompott

Zutaten

400 g Gänseleber
50 g Butterschmalz
2 große Äpfel
30 g Rosinen
1 naturreine Apfelsine
1 EL Zucker

4 cl trockener Weißwein
½ TL Speisestärke
100 g Rucolosalat
1 EL Rum
4 EL Walnussdressing

Die Gänseleber von allen Sehnen befreien und in gleich große Scheiben schneiden. Die Äpfel schälen, vierteln, das Kerngehäuse entfernen und in dünne Scheiben schneiden. Die Schalen in feine Streifen schneiden. Nun den Saft auspressen. Die Rosinen in einem Gemisch aus Wasser und Rum einweichen. Den Apfelsinensaft zusammen mit dem Weißwein und Zucker aufkochen. Die Apfelscheiben, Apfelsinenschalen und Rosinen dazugeben und kurz aufkochen. Die Apfelscheiben gleich wieder mit einem Löffel aus dem Fond nehmen. Den Fond noch etwas einkochen und mit ½ TL Speisestärke binden. Abkühlen lassen und die Äpfel dazugeben. Die Gänseleber zartrosa braten, salzen und auf dem Teller an die Äpfel legen. Als Garnitur den mit Walnussdressing angemachten Rucolasalat anlegen.

Walnussdressing

3 EL Walnussöl
1 EL Pflanzenöl

2 EL Himbeeressig
Salz, Pfeffer

Gefüllte Gans mit Biersoße

Zutaten *(für ca. 6 Personen)*

1 küchenfertige Gans (ca. 4 kg)
400 g entsteinte Backpflaumen
100 ml Madeira
500 g Zwiebeln
2 EL Butter
1 EL gehackte Petersilie
1 EL Majoran
weißer Pfeffer
1 Prise Zucker und Salz
1 l Wasser
500 ml Bier
1 EL Butterschmalz
1 TL Mehl
750 ml Wasser
1 Zwiebel
3 Nelken
1 Lorbeerblatt

Die Backpflaumen ca. 1 Stunde in Madeira ziehen lassen. Die Zwiebeln abziehen und vierteln. 2 EL Butter in einer großen Pfanne zerlassen und die Zwiebeln darin andünsten. Die Backpflaumen mit dem Madeira dazugeben und einmal aufkochen lassen. Vom Herd nehmen, abkühlen lassen und mit Petersilie, Majoran, Pfeffer, Zucker und Salz würzen.

Die Gans waschen und gut trockentupfen, Hals und Flügel abschneiden. Mit Salz und Pfeffer die Gans innen und außen gut einreiben und mit der Obst-Zwiebelmischung füllen, zustecken. Nun die Gans mit der Brust nach unten in einen Bräter legen und mit 1 l Wasser angießen. Im vorgeheizten Backofen bei 250 Grad ca. 1 Stunde braten, ab und zu mit der Bratflüssigkeit begießen. Anschließend die Temperatur auf 175 Grad reduzieren, die Gans wenden, mehrmals an den Seiten und Keulen einstechen und weitere 1½ Stunden braten. Ca. 15 Minuten vor Ende der Garzeit mit 250 ml Bier begießen.

Für die Soße Hals und Flügel klein hacken und in Butterschmalz kräftig anbraten. Dann mit Mehl bestäuben, braun rösten und mit den restlichen 250 ml Bier ablöschen. 750 ml Wasser zugießen. Eine Zwiebel abziehen, mit den Nelken und Lorbeerblatt bestecken und in die Soße geben.

Alles köcheln lassen, bis die Gans knusprig braun gebraten ist. Die Gans aus dem Bräter nehmen und im ausgeschalteten Backofen noch etwas ruhen lassen. Die Bratflüssigkeit entfetten, zur Soße geben und bei starker Hitze einkochen lassen. Durch ein Sieb gießen, salzen und pfeffern und getrennt zur Gans servieren.

Beilage: Reiberknödel und Blaukraut.

Gefüllte Jungmastgans

Zutaten (für 6 Personen)

1 Gans (ca. 5 kg)	1 Schalotte
Salz, Pfeffer	1 Zwiebel
100 g Weißbrot ohne Rinde	100 g Butter
2 Hähnchenleber	1 Bund Petersilie
1 Gänseleber	5 Salbeiblätter
2 cl Weinbrand, 1 Ei	geriebene Muskatnuss
$^1/_8$ l Milch	4 Äpfel
150 g durchwachsener Räucherspeck	

Die Gans waschen, abtrocknen, innen und außen salzen und pfeffern. Füllung: Das Weißbrot in Milch einweichen. 50 g Butter zerlassen, Schalotte und Zwiebel abziehen, fein würfeln, dünsten, aber nicht bräunen. Die Leber waschen, abtupfen, grob würfeln. In die Pfanne geben, anbraten. Weinbrand angießen. Masse durch ein Sieb passieren, Weißbrot ausdrücken und untermengen. Vom Speck zwei große, dünne Scheiben abschneiden. Rest durch den Fleischwolf drehen, zur Lebermischung geben. Petersilie und Salbei hacken, dazugeben. Mit Muskat, Salz und Pfeffer kräftig würzen, mit dem Ei zu einer glatten Farce verrühren. Äpfel schälen, vierteln, in Scheiben schneiden, in 1 EL Butter kurz dünsten, unter die Leberfarce mischen. Gans füllen, mit den Speckscheiben belegen, dressieren. In Bräter legen, Butter zerlassen, darüber träufeln. Bei 200 Grad (Gas: Stufe 3) insgesamt ca. 3 Stunden braten, zuerst zugedeckt, später offen. Mit Fond beschöpfen, Fond entfetten und abschmecken.

Gefüllter Gänsehals

Zutaten (für 6 Personen)
2 Gänsehälse
Herz, Magen, Leber und Gänsefüße
Wurzelwerk
Ingwer
Salz
1 TL Rosenpaprika
400 g Hackfleisch
2 EL Gänsefett oder Schmalz

Mit einem scharfen Messer den Hals knapp am Körper mit möglichst langer Haut abtrennen. Den Kopf abschneiden und den Hals von allen Kielen sauber befreien. Die Haut abziehen, Speise- und Luftröhre entfernen. Die Hälse an einem Ende zunähen.

Die Haut in kaltem Wasser waschen und sehr gut abtrocknen, damit sie beim Braten schön knusprig wird.

In einem Topf mit Salzwasser den Hals und das Gänseklein zusammen mit dem Wurzelwerk weich kochen.

Abkühlen lassen. Nun das Gänseklein fein hacken, mit Ingwer würzen und unter das Hackfleisch mischen. Nochmals gut abschmecken. Die Masse in die Hälse füllen und auch am anderen Ende zunähen. Im Rohr mit Gänsefett oder Schweineschmalz knusprig braun braten.

Beilage: Reis oder Erdäpfel.

Geschmorte Gänsekeulen mit Lebkuchensoße

Zutaten

4 Gänsekeulen	2 Zwiebeln
½ l trockener Rotwein	1 gelbe Rübe
200 g Lebkuchen	1 kleines Stück Sellerie
80 g Distelöl	Majoran
½ l Geflügelfond (aus dem Glas)	2 Lorbeerblätter
Salz	3 Nelken
Pfeffer	1 Stück Sternmanis

In eine Schüssel den Rotwein, die in Würfel geschnittenen Zwiebeln, die gelbe Rübe, das Stück Sellerie sowie die Gewürze geben und die Gänsekeulen einen Tag lang darin einlegen.

Die Gänsekeulen herausnehmen, abtrocknen, salzen und pfeffern und im Öl rundherum schön braun braten. Das abgetropfte Gemüse in den Bratensatz geben und nochmals braten, bis die Zwiebeln braun sind. Nun den Rotwein und Geflügelfond dazugießen und alles gar schmoren. Die weichen Gänsekeulen aus der Soße nehmen und warmstellen. Den zerstückelten Lebkuchen in die Soße geben und so lange kochen, bis er sich vollständig auflöst.

Die Soße passieren und mit einem Stabmixer die Konsistenz noch verfeinern.

Auf einem tiefen Teller die Gänsekeulen in der Soße anrichten.

Geschmorte Entenkeulen, mariniert

Zutaten

4 Entenkeulen

Marinade

Rotwein

1 geriebene Zwiebel

2 Knoblauchzehen, mit Salz zerdrückt

2 Sardellen, fein gehackt

Basilikum, Oregano

Die Zutaten für die Marinade verrühren und die Entenkeulen damit etwa 7 Stunden marinieren. Zwischendurch öfters wenden. Die Entenkeulen abtropfen lassen, mit Salz und Pfeffer einreiben und in heißem Fett goldgelb braten. Schnell die Marinade angießen und zugedeckt fertig schmoren. Bei Bedarf noch etwas Rotwein zugeben. Die Entenkeulen anrichten und heiß stellen. Die Soße passieren, mit Eigelb binden, abschmecken und separat reichen.

Dazu passen Butterspätzle oder Salzkartoffeln.

Gespickte Gansleber

Zutaten

2 Gansleber

6 Sardellenfilets (im Glas)

Butter

¼ l Sauerrahm

Salz

Die Leber mit den Sardellenstreifen spicken und in der Butter anbraten. Den Sauerrahm zugeben und die Leber unter ständigem Begießen gar dünsten. Während des Dünstens die Leber immer wieder mit der Flüssigkeit begießen. Zum Schluss salzen und mit Reis servieren.

Kirchweihganserl

Zutaten

1 küchenfertige Gans (ca. 4 kg)
Salz, Pfeffer
2 Zwiebeln
1 Tasse Bier
2 EL Speisestärke

Die gewaschene Gans trockentupfen und innen und außen mit Salz und Pfeffer einreiben. In einen großen Bräter mit etwas heißem Wasser die Gans mit der Brust nach unten legen, die geschälten, halbierten Zwiebel dazulegen. Unter häufigem Wenden und Begießen die Gans ungefähr 2-3 Stunden mit dem abtropfenden Fett bei 200 Grad im Backofen braten.

Etwa eine halbe Stunde vor Ende der Bratzeit die Soße entfetten. Mit einem Pinsel die Gans nun mit dem Bier bestreichen, damit sie schön knusprig braun wird.

Die Gans aus dem Bräter nehmen und warm stellen. Die Soße abschmecken und mit in kaltem Wasser angerührter Speisestärke binden. Die Gans tranchieren und mit der Soße und Reiberknödeln servieren.

Martinigans

Zutaten

1 küchenfertige Gans (ca. 4 kg)	Majoran
500 g Kartoffeln	Salz, Pfeffer
4 Zwiebeln	2 Lorbeerblätter
2 Äpfel	Beifuß
1 Bund Petersilie	Salbei
Butter	1 TL Speisestärke

Die Gans innen und außen waschen, mit einem Küchenkrepp abtrocknen und mit Salz und Pfeffer innen und außen einreiben. Die geschälten Kartoffeln würfeln und in kochendem Salzwasser blanchieren. Äpfel und Zwiebeln schälen, würfeln, die Petersilie waschen und hacken. In einer Pfanne mit Butter die Zwiebeln und Äpfel dünsten und mit den Kartoffeln, der Petersilie und dem Majoran vermengen. Mit dieser Masse die Gans füllen und mit Küchengarn zunähen. Backofen auf 220 Grad vorheizen. In einen großen Bräter etwas heißes Wasser geben und die Gans mit der Brustseite nach unten hineinlegen. Lorbeerblatt, Beifuß und Salbei dazugeben, den Bräter in den Ofen schieben und die Gans ca. 2½-3 Stunden braten. 30 Minuten vor Bratzeitende die Gans umdrehen.

Die Gans aus dem Bräter herausnehmen und warm stellen. Den Bratenfond entfetten, durch ein Sieb seihen und mit in kaltem Wasser angerührter Speisestärke binden. Die Soße getrennt servieren.

Dazu schmecken Reiberknödel, Apfel-Blaukraut oder Rosenkohl.

Wildenten im Speckmantel

Zutaten

2 junge Wildenten
Salz, Pfeffer, Salbei
2 TL zerdrückte Wacholderbeeren
1 EL Zitronensaft
8 dünne Scheiben geräucherter Speck
160 g Butter
0,2 l saure Sahne
½ l Fleischbrühe

Die ausgenommenen Wildenten innen und außen mit Salz, Salbei, Pfeffer, Wacholderbeeren und Zitronensaft einreiben und mit den Speckscheiben gut umwickeln. In einen Bräter legen und mit heißer Butter übergießen. Im vorgeheizten Backrohr unter allmählicher Zugabe von Fleischbrühe eine gute Stunde bei 180 Grad braten. Während der Bratzeit die Enten öfter mit der Brühe begießen. 15 Minuten vor Bratende die Sahne dazugeben, abschmecken und passieren. Den Speck wieder entfernen.

Die beiden Wildenten auf vorgewärmter Platte anrichten und mit Reiberknödel und Rotkohl servieren.

Die Soße extra reichen.

Wildenten mit Preiselbeeren

Zutaten

2 Wildenten	5 EL Öl
Salz, weißer Pfeffer	60 g zerlassene Butter
2 Scheiben Speck	1 Glas Preiselbeeren (200 g)
2 gelbe Rüben	1/8 l trockener Weißwein
1 Lauchstange	1 Prise Zucker
3 Zwiebeln	1 TL Senf
1 Bund Petersilie, Salbei	

Die Enten waschen und trockentupfen. Mit Salz und Pfeffer innen und außen einreiben, mit den Speckscheiben gut umwickeln. Gelbe Rüben und Lauch putzen, waschen und klein schneiden. Zwiebeln schälen und vierteln. Petersilie waschen, mit Küchenkrepp trocknen und zusammen mit den gelben Rüben, dem Lauch und dem Salbei in die Wildenten füllen. Die Öffnungen zustecken oder zunähen. Nun das Öl in einem Bräter gut erhitzen, die Wildenten anbraten, dann mit der Brust nach unten in den Bräter legen und in den auf 200 Grad vorgeheizten Ofen schieben. Mit der heißen Butter übergießen. Nach 10 Minuten umdrehen und auf 180 Grad zurückschalten. Ca. 85-90 Minuten braten und öfter mit dem Bratenfond übergießen. Die Preiselbeeren im Wein leicht kochen, durch ein Sieb geben, mit Senf, Zucker und Pfeffer abschmecken und beiseite stellen. Die Enten aus dem Bräter nehmen, auf vorgewärmten Tellern mit Böhmischen Knödeln servieren. Die Soße getrennt reichen.

Gefüllte Jungmastgans (Rezept S. 62)

Die weiß-blaue Kochbuchreihe im SüdOst Verlag

Anna Maria Fraunhofer
Die echte Bayerische Bauernküche

Wer kennt sie noch, die alten und ursprünglichen Gerichte des ländlichen Bayern? Wenn Sie wieder einmal Gelüste auf Hirnknöpflsuppe, Kaskuglkas, Britsuppn, Fleckknödel mit Geräuchertem und noch vielen anderen Schmankerln haben, ist dieses Buch genau das richtige.
72 Seiten, Format 12 x 21, Hardcover, 8 Farbabb., DM 9,90/sFr 9,90/öS 72,-
ISBN 3-89682-013-3

Egon M. Binder
Das Original Bayerische Brotzeitbuch

Max Hiergeist
Das Original Bayerische Leberkäs-Kochbuch

Die wichtigsten Rezepturen für die weiß-blaue Spezialität und dazu über 50 originelle Gerichte, von kalt bis warm, von einfach bis raffiniert, von „exotisch" bis zünftig bayerisch und zu den Gerichten die jeweils passenden Beilagen.
88 Seiten, Format 12 x 21, Hardcover, 8 Farbabb., DM 9,90/sFr 9,90/öS 72,- ISBN 3-89682-004-4

In Bayern mundet Brotzeit das ganze Jahr über, ob draußen oder drinnen und zu jeder Tageszeit. Vielfältig ist die Auswahl an Würsten, Leberkäs, Sulzen, Presssack und vielem mehr, denn: Brotzeit ist in Bayern die schönste Zeit.
72 Seiten, Format 12 x 21, Hardcover, 8 Farbabb., DM 9,90/sFr 9,90/öS 72,-
ISBN 3-89682-014-1